DON
BOSCO

Agnes Boos

Die 50 besten

Mnemo- und Merktechniken

DON BOSCO

MiniSpielothek

Gerne nehmen wir Ihre Anregungen, Wünsche, Kritik oder Fragen entgegen:
Don Bosco Medien GmbH, Sieboldstraße 11, 81669 München
anregungen@donbosco-medien.de
Servicetelefon: 089 / 48008-341

Bibliografische Information der Deutschen Nationalbibliothek

Die Deutsche Nationalbibliothek verzeichnet diese Publikation in der Deutschen Nationalbibliografie; detaillierte bibliografische Daten sind im Internet über http://dnb.d-nb.de abrufbar.

klimaneutral
gedruckt
www.klima-druck.de
ID-Nr. 1981326
bvdm.

1. Auflage 2020 / ISBN 978-3-7698-2466-7

www.donbosco-medien.de
Umschlag: Don Bosco Medien GmbH, München
Umschlaggrafik: Colourbox.com
Layout: Alexandra Paulus
Satz: Don Bosco Medien GmbH, München
Druck: Don Bosco Druck & Design, Ensdorf

Gedruckt auf umweltfreundlichem Papier

Inhalt

*Das Gedächtnis
ist die Schatzkammer
des Lebens.*

Marcus Tullius Cicero

Voraussetzungen für erfolgreiches Lernen und Behalten

Motivation

Voraussetzung für gute Gedächtnisleistungen ist unsere Motivation, etwas Neues zu erfahren oder uns mit einer Sache intensiv zu beschäftigen. Die Freude über den Wissenszuwachs – auch wenn es anstrengend war – führt im Gehirn zur Ausschüttung von Botenstoffen, die uns positiv stimmen. Dieses gute Gefühl möchten wir gerne wieder verspüren und strengen uns beim nächsten Mal dafür gerne wieder an.

Konzentration

Konzentration ist unabdingbar für die Aufnahme und das Abspeichern von Informationen. Konzentriert zu arbeiten und zu lernen funktioniert nur in einer ungestörten, angenehmen Umgebung, unterstützt durch die dazu notwendigen bereitgelegten Utensilien. Unsere Konzentrationsfähigkeit ist abhängig von der Schwierigkeit der Aufgabe – je schwieriger, umso schneller ist unsere Konzentration erschöpft.

Bewegung und Entspannung

Bewegung fördert die Durchblutung und damit ausreichende Sauerstoffzufuhr für eine gute Gedächtnisleistung. Nach starker Anspannung benötigt unser Gehirn, ähnlich wie ein Muskel, eine Erholungsphase, um anschließend wieder konzentriert bei der Sache zu sein. Beim Lernen sollten wir auch auf unseren Biorhythmus achten, um so die beste Lernzeit zu nutzen.

Ernährung

Eine gesunde und ausgewogene Ernährung bietet unserem Gehirn eine ausreichende Versorgung mit den wichtigen Nährstoffen, die für eine gute Denkleistung erforderlich sind. Nur dann können unsere Körper- und Nervenzellen optimal arbeiten. Genügend zu trinken ist wichtig, damit der Sauerstoff und die notwendigen Nährstoffe auch an die richtigen Stellen im Körper und eben auch ins Gehirn gelangen.

Für Abwechslung sorgen

Gute Denkleistungen erreichen wir im optimalen Zusammenspiel beider Gehirnhälften mit ihren unterschiedlichen Funktionsarealen. Daher sollten wir sie auch im Lernalltag durch abwechslungsreiche Tätigkeiten anregen, damit sich das Gehirn nicht „langweilt". Sich beim Lernen hintereinander mit ähnlichen

Fächern wie Mathematik und Physik oder Französisch und Spanisch zu beschäftigen, stört das Abspeichern durch Ähnlichkeitshemmung.

Zum richtigen Umgang mit diesem Buch

In diesem Buch sind Übungen und Techniken beschrieben, die unsere Gedächtnisleistungen stärken und das Lernen erleichtern können.
Neben Übungen zur Konzentrationsförderung allein oder mit Partner befinden sich weitere Konzentrationsübungen für Gruppen zu Beginn des Buches.
Die verschiedenen Merk- und Mnemotechniken werden jeweils am Beginn jedes Kapitels erklärt und dann anhand von Lernbeispielen praktisch dargestellt. Die bildhaften Verknüpfungen für die unterschiedlichen Lerninhalte sind jeweils beispielhaft zu sehen und können nach Belieben neu verknüpft werden.
Das Arbeiten mit allen Merktechniken erfordert immer ein wenig Übung, damit das kreative Verknüpfen mit verrückten und merkwürdigen Bildern besser und schneller gelingt.
Der Erfolg beim Lernen mit diesen Techniken ist jedoch immer wieder verblüffend.

Viel Spaß beim Ausprobieren!
Agnes Boos

Übungen zur Förderung der Konzentration

Ungewöhnliche Reihenfolge

Bei dieser Übung geht es darum, gut eingeprägte Informationen anders zu wiederholen. Das erfordert eine hohe Konzentration.
Folgende Übungen sind möglich:

- Das Abc in umgekehrter Reihenfolge aufsagen
- Die 12 Monate in alphabetischer Reihenfolge aufsagen
- Wörter rückwärts buchstabieren
- Rückwärts von 100 bis 0 zählen, dabei immer jede dritte Zahl auslassen: 100, 99, –, 97, 96, –, 94, 93, –, 91, 90, –, 88 ...

Ungewöhnliche Bewegungen

Bei dieser Übung wird der Automatismus gewohnter Bewegungen bewusst ausgeschaltet und diese anders ausgeführt.
Folgende Bewegungen werden durchgeführt:

- Beide Arme werden wie gewohnt verschränkt, entweder ist die linke Hand oder die rechte Hand „versteckt". Nun wird die Verschränkung der Arme getauscht, sodass der andere Arm „versteckt" ist.
- Die Hände werden zunächst wie üblich gefaltet, entweder ist der rechte oder der linke Daumen oben. Nun werden die Finger so verschränkt, dass der andere Daumen oben ist.
- Beide Hände werden mit überkreuzten ausgestreckten Armen gefaltet. Nun werden die Hände nach innen zum Körper gedreht. Der Blick wird auf einen beliebigen Finger konzentriert, der jetzt bewegt werden soll. Durch die überkreuzten Arme wird man zu Beginn der Übung meist den entsprechenden Finger der anderen Hand bewegen.

Spiegelbilder

Diese Übung unterstützt das vernetzte Arbeiten beider Gehirnhälften.
Mit beiden Händen werden die Zahlen von 0 bis 9 in die Luft gemalt.

Variationen

- Die Zahlen von 0 bis 9 werden in die Luft gemalt. Dabei malt die geübte Hand normal, die ungeübte Hand malt spiegelbildlich.
- Die Zahlen von 0 bis 9 werden in die Luft gemalt. Dabei malt die ungeübte Hand normal, die geübte Hand malt spiegelbildlich.

Wer, wie, was?

Bei dieser Übung geht es darum, sich sehr auf Situationen oder Ereignisse zu konzentrieren, die einem täglich begegnen.
Folgende Übungen sind dabei möglich:

- Überlege genau, mit welchen Personen du dich heute schon unterhalten hast (Eltern, Lehrer, Freundin, Verkäufer ...).
- Überlege genau, in welcher Reihenfolge du was machen musst, wenn du in Gedanken beispielsweise Spaghetti kochst, dein Fahrrad reparierst, einen Purzelbaum machst ...
- Überlege am Abend genau, was du – zurückblickend bis zum Morgen – alles gemacht hast ...

Wie ein Baum

Diese Übung bringt innere Ruhe und Konzentration und lässt sich mit etwas Training stetig steigern. Die Übung wird folgendermaßen durchgeführt:

- Zunächst einfach locker hinstellen, auf den Atem achten und ruhig auf der Stelle stehen. Mehrere Atemzüge in dieser Position machen.
- Beide Beine schließen, auf den Atem achten und ruhig auf der Stelle stehen. Mehrere Atemzüge in dieser Position machen.
- Auf ein Bein stellen, auf den Atem achten und ruhig auf der Stelle stehen. Mehrere Atemzüge in dieser Position machen. Danach auf das andere Bein stellen.
- Beide Beine schließen, Augen schließen, auf den Atem achten und ruhig auf der Stelle stehen. Mehrere Atemzüge in dieser Position machen.

Wahr oder Täuschung (Partnerübung)

Bei dieser Übung geht es um konzentrierte Wahrnehmung.
Die Übung wird zu zweit durchgeführt. Zunächst schaut sich einer der beiden den Raum aufmerksam an. Dann darf er nur noch auf sein Blatt Papier schauen. Nun zeichnet er die Umrisse eines Gegenstandes im Raum, der ihm von seinem Partner genannt wird.

Variationen

- Es werden zwei Gegenstände genannt, die gezeichnet werden sollen. Dabei soll das Größenverhältnis der beiden Gegenstände beim Zeichnen berücksichtigt werden. Dies ist nicht immer einfach einzuschätzen, wenn die Dinge nicht nebeneinander zu sehen sind.
- Beide malen die Umrisse von Gegenständen, die sich nicht im Raum befinden, die aber gut überprüft werden können. Beispiele: Euromünze, Personalausweis, Teebeutel ...

Material

Papier, Stift

Ja oder nein (Partnerübung)

Bei dieser Übung wird eine automatisierte Bewegung bewusst unterdrückt. Dies erfordert eine hohe Konzentration.
Bei dieser Partnerübung beginnt ein Teilnehmer und stellt seinem Partner eine Frage, die dieser eindeutig mit „ja“ oder „nein“ beantworten kann. Der Befragte antwortet, macht aber zu seiner Antwort die gegenteilige Kopfbewegung.

Beispiele

- A fragt B: „Hast du einen roten Pullover an?“
  B hat einen blauen Pullover an. Er antwortet deshalb: „Nein“, und nickt gleichzeitig dabei.
- B fragt A: „Bist du heute mit dem Fahrrad zur Schule gekommen?“
  A ist mit dem Fahrrad gekommen. Er antwortet deshalb: „Ja“, und schüttelt dabei den Kopf.

Wort-Dschungel (Partnerübung)

Konzentriert zuzuhören, ohne sich ablenken zu lassen, ist bei dieser Partnerübung die Aufgabe.
Ein Teilnehmer liest eine kurze Geschichte vor und der andere achtet auf ein zuvor festgelegtes Wort oder eine Silbe, beispielsweise auf „vor“ oder „auf“. Der Zuhörende zählt, wie häufig das gewählte Wort im Text vorkommt.
Anschließend überprüfen beide gemeinsam den Text, ob richtig gezählt wurde.

Variation

Beide schauen ein Bild oder Foto an und suchen darauf Gegenstände, die die Silbe „ei“ enthalten, wie beispielsweise Kleidungsstück, Reiher, Teich, Fleisch, Reifen, Meise, Reihenhaus ...

Material

kurze Geschichte, evtl. Bild oder Foto

Blind vertraut (Partnerübung)

Bei dieser Partnerübung, bei der der Sehsinn ausgeschaltet ist, werden viele andere Sinne besonders geschult.

Ein Teilnehmer schließt die Augen und wird von seinem Partner zu verschiedenen Gegenständen im Raum geführt. Er berührt diese und versucht, sie sich zu merken. Nach einigen Stationen darf er die Augen öffnen und raten, was er ertastet hat und welchen Weg er gegangen ist.

Daraufhin tauschen die beiden ihre Rollen.

Wörter tippen (Partnerübung)

Bei dieser Partnerübung ist hohe Konzentration und visuelle Vorstellung gefragt.
Die beiden Teilnehmer „buchstabieren" Wörter mit den Fingern. Dazu wird der Daumen der Reihe nach für jeden Buchstaben gegen Zeigefinger, Mittelfinger, Ringfinger, kleinen Finger und wieder zurück zu Ringfinger, Mittelfinger, Zeigefinger getippt. Dabei buchstabiert jeder für sich das genannte Wort.
Anschließend wird überprüft, ob beide richtig buchstabiert haben. Die Partner vergleichen hierzu die Fingerstellung beim letzten Buchstaben.

Beispiel

KONZENTRATION → beim letzten Buchstaben wird der Zeigefinger angetippt.

Gruppenspiele für ein gutes Gedächtnis

Plus oder minus

Zunächst werden für die Ziffern 1 und 2 folgende Bewegungszuordnungen festgelegt:

- Zahl 1 = rechten Arm heben
- Zahl 2 = linken Arm heben

Reihum wird von den Teilnehmern beliebig die Zahl 1 oder 2 durch Heben des entsprechenden Armes gezeigt. Die Teilnehmer rechnen jeweils mit und zählen die Zahlen zusammen. Nach einer Runde wird das errechnete Ergebnis in der Teilnehmerrunde verglichen. Die erste Runde sollte laut erfolgen, das heißt, nach jeder Zahl wird das Ergebnis laut genannt. Die nächste Runde folgt dann still.

Variation

Die Startzahl ist 10, damit das Ergebnis nicht negativ wird. Die Zahl 2 wird addiert, die Zahl 1 wird subtrahiert. Auch hier sollte die erste Runde mit lautem Mitsprechen erfolgen.

Eins, zwei oder drei

Die Teilnehmer zählen reihum im Wechsel 1, 2, 3, 1, 2, 3, 1 ...
Nach zwei bis drei Runden wird die Zahl 1 durch eine festgelegte Bewegung ersetzt: Arme verschränken.
Nach weiteren Runden wird die Zahl 3 durch eine andere Bewegung ersetzt: klatschen.

Variation 1

Es wird rückwärts gezählt 3, 2, 1, 3 ... Die Zahlen werden dann wie oben beschrieben durch Bewegungen ersetzt. Durch den Sprung von 1 auf 3 beim Rückwärtszählen ist besonders viel Konzentration gefordert.

Variation 2 (Partnerübung)

Jeweils zwei Personen stehen sich gegenüber. Sie zählen im Wechsel 1, 2, 3, 1 ... Nach mehreren Runden wird zunächst die Zahl 1, dann auch die Zahl 3 durch Bewegungen ersetzt. Auch die Rückwärtsvariante (siehe Variation 1) ist möglich!

Falscher Körperteil

Die Teilnehmer stehen im Kreis. Einer startet und berührt einen Körperteil, z. B. seinen linken Ellbogen. Er benennt diesen falsch und sagt beispielsweise: „Das ist mein Kinn."

Der nächste Teilnehmer berührt nun den falsch genannten Körperteil, also das Kinn, und benennt ihn wiederum falsch, z. B.: „Das ist mein rechter Fuß." Es wird also immer der zuletzt genannte Körperteil berührt und falsch benannt.

Reihum geht es weiter.

Körpernummern

Zunächst erhalten verschiedene Körperteile eine Nummer:

- 1 = linke Hand
- 2 = linker Ellbogen
- 3 = linke Schulter
- 4 = rechte Schulter
- 5 = rechter Ellbogen
- 6 = rechte Hand
- 7 = rechte Hüfte
- 8 = rechtes Knie
- 9 = rechter Fuß
- 10 = linker Fuß
- 11 = linkes Knie
- 12 = linke Hüfte
- 13 = Kopf

Ein Teilnehmer nennt nun eine beliebige Zahl und alle berühren den entsprechenden Körperteil.

Variation

Diese Übung kann auch als Partnerübung mit zweistelligen Zahlen durchgeführt werden. Dazu legen die Partner jeweils fest, wer von ihnen die Einerzahl und wer die Zehnerzahl darstellen soll.
Ein Teilnehmer nennt eine zweistellige Zahl und die Partner berühren sich mit diesen beiden Körperteilen.
Beispiel „83“:
A hat die Zehnerzahl gewählt und berührt mit seinem rechten Knie (= 8) die linke Schulter (= 3) von B, der die Einerzahl gewählt hat. Dafür gibt es verschiedene Möglichkeiten. Entweder bückt sich „3“ zu „8“ oder „8“ hebt das Bein zu „3“.

Ich sage, du sagst

Einer in der Runde startet und nennt einen Begriff (ein Substantiv). Der Reihe nach assoziiert jeder nun einen Begriff zu dem zuvor genannten Begriff.
Dabei erfolgt jede Begriffsnennung mit dem folgenden Satz: „Ich sage ..., weil du ... gesagt hast."
Nach ein bis zwei Runden werden die Begriffe rückwärts wieder erinnert. Der letzte in der Runde beginnt und sagt den zuvor genannten Begriff seines Nachbarn mit dem Satz: „Ich habe ... gesagt, weil du ... gesagt hast." Der Reihe nach geht es so weiter.

Beispiel

Die Spielleitung gibt den Begriff **Schokolade** vor.
Hinrunde:
Der 1. Teilnehmer assoziiert z. B. **Tafel** und sagt: „Ich sage **Tafel**, weil du **Schokolade** gesagt hast.“
Der nächste TN assoziiert z. B. **Schule** und sagt: „Ich sage **Schule**, weil du **Tafel** gesagt hast.“
So geht es reihum weiter.
Rückrunde:
Der letzte Teilnehmer sagt: „Ich habe **Schule** gesagt, weil du **Tafel** gesagt hast.“
Der vorletzte Teilnehmer sagt: „Ich habe **Tafel** gesagt, weil du **Schokolade** gesagt hast.“

Richtungswechsel

Bei dieser Übung müssen alle aufmerksam zuhören und auf den Vordermann reagieren.
Ein Klatschrhythmus wird von Teilnehmer zu Teilnehmer in eine Richtung weitergegeben. Jeder Teilnehmer hat einen Joker, d. h. er darf im Laufe der Runden einmal doppelt klatschen. Wenn doppelt geklatscht wird, ändert der Klatschrhythmus seine Laufrichtung.

Namen verschenken

Die Teilnehmer stellen sich zunächst in der Runde auf und nennen ihre Namen.
Dann laufen alle kreuz und quer und stellen sich einem anderen Teilnehmer gegenüber. Sie nennen diesem ihren Namen und erhalten dafür den Namen des Angesprochenen. Daraufhin ziehen sie mit dem neuen Namen weiter zu einem anderen Teilnehmer und sie tauschen wieder die Namen. So geht es eine Zeit lang weiter. Alle Teilnehmer tauschen also mehrfach die Namen. Nach einigen Runden stellen sich alle wieder im Kreis auf und nennen den Namen, den sie zuletzt erhalten haben.

Hinweis

Es kann vorkommen, dass es einige Namen nicht mehr gibt, dafür andere doppelt.

Nimm bei Vier

Jeder Teilnehmer hat einen kleinen Gegenstand in der Hand, z. B. einen Igelball, eine Kastanie oder eine Walnuss. Die Teilnehmer stehen dicht im Kreis.
Der Gegenstand befindet sich zu Beginn bei allen in der linken Hand. Dieser wird in den eigenen Händen dreimal hin und her getauscht. Bei Vier wird er dem rechten Nachbarn übergeben. Gleichzeitig wird vom linken Nachbarn dessen Gegenstand entgegengenommen.

Beispiel

- 1 = Wechsel in die rechte Hand
- 2 = Wechsel in die linke Hand
- 3 = Wechsel in die rechte Hand
- 4 = Wechsel in die linke Hand des rechten Nachbarn, zugleich Aufnahme des Gegenstandes des linken Nachbarn in die linke Hand

Für einen Richtungswechsel wird nach einigen Runden das Zählen per Ansage einmal auf 3 verkürzt:

- 1 = Wechsel in die rechte Hand
- 2 = Wechsel in die linke Hand
- 3 = Wechsel in die rechte Hand des linken Nachbarn

Daraufhin läuft das Spiel wieder normal weiter, es wird also wieder bis 4 gezählt.

Variation

Bei dieser Variation wird nicht grundsätzlich bei „4“ gewechselt. Ein Teilnehmer nennt eine Zahl zwischen 1 und 6 und die Weitergabe erfolgt entsprechend der Vorgabe. Daraufhin nennt der nächste in der Runde eine Zahl und es wird entsprechend gewechselt.
Beispiel: Spieler 2 nennt die Zahl 5 → Alle wechseln viermal in den eigenen Händen und geben den Gegenstand bei 5 zum linken Nachbarn weiter.

Material

pro Teilnehmer ein kleiner Gegenstand (z. B. Igelball, Kastanie, Walnuss)

Norden, Süden, Osten, Westen

Ein Teilnehmer nennt nacheinander in beliebiger Abfolge die Himmelsrichtungen. Alle anderen machen die entsprechenden Schritte, wobei ein Fuß beginnt und der andere beigestellt wird.

Beispiel

- **Norden:** einen Schritt vorgehen
- **Süden:** einen Schritt zurückgehen
- **Osten:** einen Schritt nach rechts gehen
- **Westen:** einen Schritt nach links gehen

Variation 1

Es kann zusätzlich vorgegeben werden, dass mit dem rechten oder mit dem linken Fuß zuerst begonnen wird. Dann wäre das Kommando also beispielsweise: **Norden rechts** oder **Westen links** usw.

Variation 2

Die Bewegungen werden entgegengesetzt zur Angabe gemacht: Bei **Norden** gehen also alle einen Schritt zurück, bei **Osten** gehen alle nach links usw.

Lernen braucht auch mal ’ne Pause

Die Teilnehmer stehen im Kreis oder an ihren Plätzen und sprechen nachfolgenden Spruch.
Dabei werden zu den einzelnen Silben verschiedene Bewegungen durchgeführt.

Spruch

Lernen: mit den Händen zweimal auf die Oberschenkel klopfen
braucht auch: zweimal in die Hände klatschen
mal ’ne: beide Hände nacheinander überkreuzt auf die Schultern legen
Pause: beide Arme nacheinander nach oben strecken
in der: mit den Händen zweimal auf die Oberschenkel klopfen
Schule: zweimal in die Hände klatschen
und zu-: beide Hände nacheinander überkreuzt auf die Schultern legen
hause: beide Arme nacheinander nach oben strecken

Assoziieren, Visualisieren, Verknüpfen

Überblick: Assoziieren, Visualisieren, Verknüpfen

Das Prinzip dieser Technik besteht darin, jeweils zwei Begriffe mithilfe eines Bildes zu verknüpfen. Im ersten Schritt wird dazu für jedes Wort ein passendes Bild gefunden. Im zweiten Schritt wird das Bild des ersten Wortes mit dem Bild des darauffolgenden Wortes verbunden.
Je verrückter und merkwürdiger, umso besser!

Beispiel

Fahrrad – Zitrone
Bildliche Verknüpfung → Ich habe eine Klingel in Form einer Zitrone am Fahrradlenker.

Lernstoff merken

Bildliche Verknüpfungen können herangezogen werden, um sich Lernstoff zu merken. Beispielhaft werden hier Bilder vorgestellt, die sich eignen, um sich die Namen verschiedener Seen zu merken.
Welche Bilder fallen einem zu den Begriffen ein, die man sich merken möchte?

Beispiel

- **Staffelsee** (Bayern); ***Merk-Bild:*** Ein See, um den man einen Staffellauf macht.
- **Kummerower See** (Mecklenburg-Vorpommern); ***Merk-Bild:*** Ein See, in dem man seinen Kummer ertränken kann.
- **Werbellinsee** (Brandenburg); ***Merk-Bild:*** Ein See aus der Werbung, in dem man in Linsen badet.

Namen merken

Namen sind bekanntlich wie „Schall und Rauch“. Manche Namen prägen sich gut ein, andere vergessen wir immer wieder. Folgende Tipps gibt es, um sich Namen merken zu können:

- Namen richtig verstehen, sonst kann man sie sich nicht merken.
- Namen aufschreiben, denn je mehr Sinne beteiligt sind, umso besser.
- Namen wiederholen, da sich auch Klang und Rhythmus einprägen.
- Namen mit Bildern verknüpfen, was besonders bei schwierigen Namen wichtig ist.

Beispiele

- **Frau Panike**; *Merk-Bild:* Eine Frau, die leicht in Panik gerät.
- **Herr Omondski**; *Merk-Bild:* Ein Herr, der auf dem Mond Ski fährt.
- **Jan Wiesler**; *Merk-Bild:* Jan läuft im Januar barfuß auf der Wiese.

Fachbegriffe/Fremdwörter merken

Im Alltag wird man ständig mit neuen Informationen konfrontiert, deren Bedeutung man noch nicht kennt. Das ist oft mühsam, denn Begriffe, die das Gehirn nicht kennt, kann es schlecht verankern. Hilfreich ist es, nach Assoziationen zu suchen, zu denen das Gehirn bereits Bilder abgespeichert hat. Diese helfen dann beim Erinnern der neuen Informationen.

Beispiele

- **Addition:** 1. Summand plus 2. Summand = Summe; ***Merk-Bild:*** Ich zähle hier 1 summende Biene an der Blüte und dort 2, zusammen 3 summende Bienen.
- **Subtraktion:** Minuend minus Subtrahend = Differenz; ***Merk-Bild:*** Ich darf minimal am Subwoofer mit den Händen drehen (Klang des Wortes), um Differenzen im Bass auszugleichen.
- **Kohäsion:** Anziehungskraft der Atome; ***Merk-Bild:*** Kommt her, ihr Atome!

Vokabeln merken

Viele Vokabeln prägen sich nach mehrmaligem Wiederholen durch Klang und Rhythmus gut ein. Für die übrigen Vokabeln, die trotz Wiederholung leicht vergessen werden, benötigt das Gedächtnis wieder ein einprägsames Bild. Die deutsche Übersetzung muss in dieses Bild kreativ eingebaut werden. Das Verankern der Vokabel in einen ganzen Satz ist dabei besonders sinnvoll.

Beispiele

- **le chien** (franz.) = der Hund; ***Merk-Bild:*** Ein Hund, der auf den Schienen läuft.
- **He is sticking his tongue out at me.** = Er streckt mir seine Zunge raus.; ***Merk-Bild:*** Ein Junge, der mit einem Stick in der Zunge versucht, einen Ton gut herauszubringen.

Ereignisse merken

Wir erinnern uns an die unterschiedlichsten Ereignisse, auch wenn sie bereits Jahre zurückliegen, wenn wir sie mit vielen Emotionen verknüpft haben. Ob es der schöne Urlaub in Frankreich ist oder die erste Fahrradtour, die Erinnerung daran wird so schnell nicht verblassen.
Deshalb sollte man bei Ereignissen, die man sich merken möchte, emotionale Verknüpfungen bauen.

Beispiele

- **1517: Martin Luthers Anschlag seiner 95 Thesen an Wittenberger Kirche**; *Merk-Bild:* Mit dem Hammer in der Hand (5 Finger) trifft er sicher (sieben) den Nagel.
- **1988: Steffi Graf, Gewinnerin Golden Slam**; *Merk-Bild:* Zwei 88 sehen handschriftlich aus wie zwei ff bei Steffi!

Gedichte merken

Beim Auswendiglernen von Gedichten spielen Klang und Rhythmus eine große Rolle. Daher unterstützt auch das Gehen oder Schreiten im Rhythmus der laut gesprochenen Reime die Merkfähigkeit. Neben der bildlichen Vorstellung des Inhaltes empfiehlt es sich, nacheinander immer zwei bis vier Zeilen mehrfach zu wiederholen. Diese Menge an Informationen kann unser Arbeitsspeicher gut bewältigen. Zudem sollte man sich die Handlung gut vorstellen, das hilft sehr beim guten Abspeichern. Als Beispiel dient folgendes Gedicht von J. W. von Goethe:

Ein Blumenglöckchen
Vom Boden hervor
War früh gesprosset
In lieblichem Flor;
Da kam ein Bienchen
Und naschte fein:
– Die müssen wohl beide
Füreinander sein.

Merk-Bild: Wir stellen uns die klingelnde Blume sprießend vor, darauf eine naschende Biene.

Logische Zahlenfolgen erkennen und merken

In einigen Zahlenfolgen können bei genauer Betrachtung logische Reihen oder Rechenoperationen gefunden werden, mit denen das Merken sehr erleichtert wird.

Beispiele

24816; *Merk-Bild:* 2 mal 2 = 4 mal 2 = 8 mal 2 = 16
372615; *Merk-Bild:* 37 minus 11 = 26 minus 11 = 15
8376738; *Merk-Bild:* Die ersten und letzten drei Zahlen spiegeln sich, die 6 steht in der Mitte.

Informationen strukturieren und visualisieren

Was man selbst notiert hat, behält man besser. Lernpsychologen haben festgestellt, dass dies insbesondere für Informationen gilt, die von Hand geschrieben oder gemalt werden. Das Tippen am Computer bringt dagegen sehr viel weniger. Informationen in eine merkfähige Struktur zu bringen, gelingt sehr gut mit kreativen Lernplakaten. Dazu benötigt man ein großes, festes Papier, möglichst im Format DIN A3 oder größer. Wenn das Lernplakat fertig ist, kann es gut sichtbar dort aufgehängt werden, wo man es oft im Blick hat. So können sich die Inhalte gut im Gedächtnis einprägen.
Die wichtigsten Regeln für die Gestaltung eines Lernplakats sind:

- Gute Lesbarkeit
- Maximal 2 Schriften
- Maximal 3 Farben
- Klare Gliederung
- Text: nur das Wesentliche
- Klar und verständlich

Material

Blatt in DIN A3 oder größer, Stifte

Informationen sammeln und merken

Unser Gedächtnis mag geordnete Informationen, die gut visualisierbar sind. Diese kann es sich besser einprägen und verarbeiten. Wenn wir eine ganze Reihe von Informationen linear untereinanderschreiben, kann das Gehirn sich nur schwer dazu ein geeignetes Bild machen. „Gehirngerechter“ ist es, wenn man diese Informationen in einem kreativen Bild, einer so genannten Mind-Map, aufschreibt.
Zunächst wird das Thema in die Mitte eines querliegenden Blattes geschrieben. Dann werden alle Informationen, die dazugehören oder die einem gerade einfallen, mit „Ästen“ an das Thema gehängt. Zusatzinformationen, die zu diesem Ast gehören, können mit „Unterästen“ ebenfalls angefügt werden. Mit passenden Farben und Symbolen erhält man so ein „merkwürdiges“ Bild des Lernthemas.

Material

Papier, Stifte

Wichtige Textinhalte erkennen und merken

Wenn man längere Texte liest, ist es nicht immer leicht, konzentriert bei der Sache zu bleiben. Das kann daran liegen, dass der Text vielleicht schwierig oder wenig interessant ist, vielleicht aber auch daran, dass man durch etwas Spannenderes abgelenkt wurde.
Um die Aufmerksamkeit auf den Text zu fokussieren, empfiehlt es sich, bereits vor dem Lesen Fragen zu formulieren, auf die sich beim Lesen Antworten finden lassen.
Diese Herangehensweise nennt man **ÜFLAT:**

Ü = Überblick → Überschrift, Inhaltsangabe oder Vorwort lesen

F = Fragen → W-Fragen: Wer, was, warum, wie ...

L = Lesen → nun liest du fokussierter

A = Antworten → alle wichtigen Infos markieren oder aufschreiben

T = Trainieren → nochmal zusammenfassen, mit anderen darüber sprechen ...

Eselsbrücken

Überblick: Eselsbrücken

Esel sind sehr wasserscheu und sträuben sich, durch Wasserläufe zu gehen. Das liegt daran, dass Esel nicht durch die spiegelnde Wasseroberfläche sehen können und daher nicht wissen, wie tief das Wasser ist. Deshalb baut man für die Esel Brücken, damit sie das Wasser überqueren können.
Den kleinen Umweg „Eselsbrücken“ kann man auch nutzen, um beim Lernen besser ans Ziel zu kommen. Es gibt sie für viele Fächer und das Gute daran ist, dass man sie – einmal abgespeichert – wunderbar behält. Bilder, Klang, Rhythmus und Reimform unterstützen dabei das Einprägen. Für komplexere Informationen kann man sogar ganze Geschichten zum besseren Einprägen nutzen.

Info: Merk-Reime

Reime eignen sich gut zum Abspeichern von abstraktem Wissen, denn sie prägen sich durch Wiederholung gut ein. Auch im Lernalltag sind sie von Vorteil.
Für viele Lerninhalte gibt es bereits Merkreime. Wenn es zu einem Lernstoff keinen passenden Merk-Reim gibt, kann man sich einen eigenen überlegen. Damit wird die Kreativität und die Aufmerksamkeit gefördert und gleichzeitig das neue Wissen sicher verankert.

Anwendung: Merk-Reime

Englische Vergangenheitsform „simple past“

„Simple past“ wird verwendet, um vor der Gegenwart abgeschlossene Handlungen zu beschreiben.
Möglicher Merk-Reim: „Yesterday, ago und last erfordern immer (simple) past.“

Gründungsjahr Rom

Der Sage nach wurde Rom 753 vor Christus gegründet.
Möglicher Merk-Reim: „753: Rom schlüpft aus dem Ei.“

Zuflüsse der Donau

Möglicher Merk-Reim: „Iller, Lech, Isar, Inn fließen rechts zur Donau hin. Wörnitz, Altmühl, Naab und Regen kommen ihr von links entgegen.“

Info: Merk-Bilder

Neurowissenschaftliche Studien belegen, dass sich Bilder in unserem Gehirn stärker einprägen als Worte. Bilder erleichtern uns beispielsweise das Einprägen und die richtige Schreibweise von Wörtern.

Gerade bei Wörtern, die häufig verwechselt oder falsch geschrieben werden, hilft der Einsatz eines Bildes. Wichtig ist, dass man sich das Bild wirklich intensiv vorstellt, so als würde es sich vor den eigenen Augen abspielen.

Emotionen spielen beim Abspeichern des Bildes ebenfalls eine große Rolle, denn Emotionen bedeuten, dass etwas Wichtiges passiert.

Anwendung: Merk-Bilder

Symbole für Geschlechter

- Marssymbol
- Venussymbol

Merk-Bild:
Der Mann zieht mit dem Pfeil in den Krieg, seine Frau geht in die Kirche und betet, dass er gesund zurückkommt.

Unterscheidung von Elefanten

Afrikanische und asiatische/indische Elefanten kann man anhand der Größe ihrer Ohren unterscheiden.

Merk-Bild:
Die Ohren der Elefanten sehen ähnlich aus wie die Herkunftsgebiete auf der Landkarte.

- Afrikanische Elefanten haben lange Ohren.
- Indische Elefanten haben winzige Ohren.

Bedeutungen von „scheinbar“ und „anscheinend“

- anscheinend: Ein Sachverhalt wird vermutet.
- scheinbar: Etwas ist tatsächlich ganz anders, als es erscheint.

Merk-Bild:
anscheinend → Es ist so hell. Ich vermute, es ist der Mond, der mich anscheint.
scheinbar → Hier in der Bar ist alles ganz anders. Man bezahlt nicht mit einem Schein, sondern bekommt einen geschenkt, wenn man etwas bestellt.

Info: Merk-Sätze

Wahrscheinlich kennt jeder eine Reihe von Merk-Sätzen aus verschiedenen Fächern. Wir können sie auch noch nach vielen Jahren ohne Probleme benennen. Oftmals genügt ein einzelner Anfangsbuchstabe, um die erlernten Begriffe aus dem Langzeitspeicher abzurufen. Merksätze helfen beim Lernen von Fakten, weil sie die Arbeitsweise des Gedächtnisses durch assoziatives Verknüpfen unterstützen. Klang und Rhythmus aktivieren zusätzlich das akustische Gedächtnis, was dabei hilft, sich schwierige Sachverhalte erfolgreicher einzuprägen. Oft werden Merksätze in Reimform gebildet, was einen zusätzlichen Hafteffekt hat.
Wenn es keinen fertigen Merksatz für den abzuspeichernden Lernstoff gibt, kann man sich selbst einen ausdenken. Das macht Spaß und fördert das kreative Denken!

Anwendung: Merk-Sätze

Die Planeten im Sonnensystem

Merkur, Venus, Erde, Mars, Jupiter, Saturn, Uranus, Neptun (Pluto gehört nicht mehr dazu, weil er ein Zwergplanet ist.)

Merk-Satz:
Mein **V**ater **e**rklärt **mi**r **j**eden **S**amstag **u**nsere **N**atur.

Die Kanzler seit Gründung der Bundesrepublik in der richtigen Regierungsfolge

Adenauer, Erhard, Kiesinger, Brandt, Schmidt, Kohl, Schröder, Merkel

Merk-Satz:
Alle **e**hemaligen **K**anzler **b**rachten **s**chmackhafte **K**östlichkeiten **s**elten **mi**t.

Info: Merk-Geschichten

Das Prinzip der Geschichtentechnik besteht darin, sich Begriffe einzuprägen, indem diese in eine fortlaufende Geschichte eingebaut werden. Diese Geschichte lässt man vor seinem geistigen Auge wie einen spannenden Film ablaufen.
Je verrückter die erdachte Geschichte ist, in die die zu merkenden Informationen hineingepackt werden, umso einfacher kann man die Begriffe später wieder abrufen.

Anwendung: Merk-Geschichten

Wegstrecke

Bahnhof – Park – Zebrastreifen – Brücke – Kaufhaus – Eisdiele – Theater

Merk-Geschichte:
Ich komme aus dem Bahnhof und schaue auf einen Park, aus dem ein Zebra herausläuft. Es lässt mich aufsitzen und galoppiert über die Brücke bis zum Kaufhaus. Es setzt mich neben dem Eingang ab und ich kann mir nebenan in der Eisdiele ein leckeres Eis kaufen. Oh, da ist ja schon das Theater ... Schnell das Eis fertig schlecken, denn damit lassen sie mich nicht hinein.

Erledigungen

- Zahnarzttermin vereinbaren
- Für Mathearbeit lernen
- Geburtstagsgeschenk kaufen
- Konzertkarte besorgen
- In Bücherei Buch ausleihen

Merk-Geschichte:
Au Backe, der Zahnarzt zählt bestimmt meine Zähne. Wenn alles o.k. ist, kaufe ich mir ein Geschenk. Singend laufe ich zur Bücherei.

Info: Akronyme

Ein Akronym ist ein Kurzwort bzw. Kunstwort, das aus den Anfangsbuchstaben oder auch gekürzten Anfangssilben mehrerer Wörter zusammengesetzt ist. Bekannte Beispiele sind EDV für elektronische Datenverarbeitung und SOMEA für die weiblichen Chorstimmen Sopran, Mezzosopran, Alt.
Mit Akronymen kann man sich auf unkomplizierte Weise Informationen in der richtigen Reihenfolge merken. Gerade solche ungewöhnlichen Begriffe – oftmals aneinandergereihte Silben – merkt sich das Gehirn bei häufigeren Wiederholungen sehr gut. Fremde denken gar, man spricht eine Geheimsprache.

Anwendung: Akronyme

Die Farben des Regenbogens

Rot, Orange, Gelb, Grün, Blau, Indigo, Violett
Akronym: ROGGBIV

Die wichtigsten griechischen Städte des Altertums

Sparta, Korinth, Athen, Theben
Akronym: SKAT

Die Hauptkategorien der Botanik und Zoologie

Stamm, Klasse, Ordnung, Familie, Gattung, Art
Akronym: SKOFGA

Zahlen- und Ankertechniken

Überblick: Zahlen- und Ankertechniken

Zahlen sind zunächst eine abstrakte Information. Da unser Gehirn lieber Bilder abspeichert, ist es wichtig, sich Zahlenfolgen zunächst genau anzuschauen und auf „Entdeckungsreise“ zu gehen. So können wir sie ohne großen Aufwand kreativ verknüpfen.
Daneben gibt es verschiedene Zahlen- und Ankertechniken, mit denen wir uns unterschiedlichste Informationen in festgelegten Reihenfolgen merken können. Dazu werden diese mit sogenannten „Ankern“ verknüpft.
Diese Anker bestehen beispielsweise aus Bildern, die man den einzelnen Zahlen von 1 bis 10 zugeordnet hat. Zudem kann man auch feste Plätze, z. B. am Körper oder auf einer Wegstrecke (Loci-Methode) nutzen. Auch eine Liste von Tier- oder Pflanzennamen (Abc-Liste) eignet sich als Ankerliste.
Das zu merkende Wissen verknüpfen wir mit einem assoziativen Bild an diesem Ort/Platz. Je ungewöhnlicher, bewegter und ausgefallener dieses Bild ist, umso eher erinnert sich das Gehirn später wieder daran. Also: Nur Mut zum „Drauflosspinnen“!

Info: Zahlenreihen kreativ merken

Es ist nicht einfach, sich Zahlen zu merken. Das liegt daran, dass Zahlen nicht besonders „gehirngerecht“ sind. Es sind abstrakte Informationen, für die wir im Gehirn kein Bild abgespeichert haben.
Zudem „verlernen“ wir es heutzutage zunehmend, Zahlen abzuspeichern, weil wir sie oft einprogrammieren und nicht mehr händisch wählen.
Wenn wir uns an Zahlenfolgen gut erinnern, liegt es meist daran, dass wir sie häufig wiederholt haben, sei es z. B. durch Sprechen oder Schreiben.
Um sich Zahlenfolgen gut zu merken, hilft es, etwas Auffälliges in der Zahlenfolge zu suchen. Dazu schauen wir uns die Zahlen, z. B. eine neue Telefonnummer zunächst gut an. Gibt es etwas Auffälliges zu entdecken? Vielleicht steckt ein Geburtsdatum darin oder die eigene Schuhgröße. Vielleicht gibt es auch eine Rechenoperation zu entdecken.

Anwendung: Zahlenreihen kreativ merken

15072438

Tipp: Vielleicht steckt ein Geburtsjahr der Freundin, die Schuhgröße oder etwas anderes darin.
Gut zu merken ist die Zahlenfolge auch mit einer kurzen Geschichte, etwa:
Mit **15** hast du deinen ersten „(0)**07**"-Film gesehen, vielleicht an Weihnachten (**24**). Und du bist mit deinen neuen Schuhen (Größe **38**) ins Kino gelaufen.

0157 3206496

Tipp: Die Anbieternummer stellt meist kein Problem beim Merken dar, aber auch hier könnte man die logische Reihe 1, (3), 5, 7 wahrnehmen, die 3 fällt weg.
Bei der weiteren Nummer fällt vielleicht folgende Systematik und Rechenoperation auf:
32, **0**, + 32 = **64**, + 32 = **96**

Info: Ziffern-Anfangsbuchstaben-System

Bei dieser Technik nutzt man die Anfangsbuchstaben der Ziffern, um Zahlenreihen sicher abzuspeichern. Besonders für kürzere Zahlenreihen wie verschiedene PIN-Nummern (Bank, Handy) ist diese Technik prima geeignet.
Folgende Anfangsbuchstaben werden verwendet:

0 = Null → **NU** (Um eine Verwechslung mit 9 zu vermeiden, werden die ersten beiden Buchstaben genommen.)
1 = Eins → **E**
2 = Zwei → **Z**
3 = Drei → **D**
4 = Vier → **V**
5 = Fünf → **F**
6 = Sechs → **SE** (Um eine Verwechslung mit 7 zu vermeiden, werden die ersten beiden Buchstaben genommen.)
7 = Sieben → **SI** (Um eine Verwechslung mit 6 zu vermeiden, werden die ersten beiden Buchstaben genommen.)

8 = Acht → **A**
9 = Neun → **NE** (Um eine Verwechslung mit 0 zu vermeiden, werden die ersten beiden Buchstaben genommen.)

Daraufhin wird ein Satz gebildet mit der gleichen Wortanzahl, wie Ziffern in der zu merkenden Zahlenreihe enthalten sind. Dabei beginnt jedes Wort mit dem Buchstaben, der der Zahl zugeordnet ist.

Anwendung: Ziffern-Anfangsbuchstaben-System

PIN 8 4 0 2

A... V... NU... Z...
Merksatz:
Alle **V**ampire **nu**tzen **Z**ahnbürsten.

PIN 1 3 7 5 6

E... D... SI... F... SE...
Merksatz:
Elegante **D**amen **si**ngen **f**reitags **se**lten.

Hinweis

Damit man unterscheiden kann, zu welcher Nummer welcher kreative Merksatz gehört, stellt man sich den Satz mit einem dazugehörigen Bild vor.
Wenn 8402 z. B. die zu merkende Handy-PIN ist, dann haben die Vampire vielleicht zusätzlich zur Zahnbürste auch noch ein Handy in der anderen Hand.

Info: Zahlen-Form-System

Bei dieser Mnemotechnik schaut man sich die Form der Ziffer genau an und überlegt, welches Bild einem zu der **Form** einfällt.
Daraufhin legt man eine Liste von 1 bis 10 mit den dazugehörigen Bildern an.
Diese könnte folgendermaßen aussehen:

0 → Schwimmreifen
1 → Kerze
2 → Schwan
3 → Po
4 → Stuhl
5 → Haken
6 → Suppenkelle
7 → Sense
8 → Sanduhr
9 → Schlange
10 → Golf (Schläger + Ball)

Diese Liste ist unbegrenzt erweiterbar.
Die Zahlen-Form-Liste kann man auf verschiedene Weise nutzen: Zum einen lassen sich damit gut Zahlenfolgen merken, indem die zugeordneten Begriffe in eine Geschichte eingebaut werden. Zum anderen kann man sie als Ankerliste nutzen, um Informationen zu verknüpfen, die so bei Bedarf wieder sicher in einer bestimmten Reihenfolge abrufbar sind.

Anwendung: Zahlen-Form-System

Zahlenfolgen: Telefonnummer 473208

Um sich diese Zahlenfolge zu merken, werden alle Begriffe, die den einzelnen Ziffern zugeordnet sind, der Reihe nach zu einer kreativen Geschichte verknüpft, z. B.:
An den **Stuhl** ist die **Sense** angelehnt. Ich setze mich mit meinem **Po** darauf. Ich beobachte einen **Schwan** mit einem **Schwimmreifen**, der so lange schwimmt, bis die **Sanduhr** durchgelaufen ist.

Fachwissen: Geometrische Körper merken

Würfel, Quader, Pyramide, Zylinder, Prisma, Kugel, Kegel

Zahl 1: Kerze → *mögliches Bild*: Wir würfeln, wer die Kerze auspusten darf.

Zahl 2: Schwan → ***mögliches Bild***: Der Schwan hat sich qualvoll in einer Kiste verfangen.

Zahl 3: Po → ***mögliches Bild***: Ich habe mich oben auf die Pyramidenspitze gesetzt.

Zahl 4: Stuhl → ***mögliches Bild***: Der Zirkusdirektor hat seinen Zylinder auf dem Stuhl abgelegt.

Zahl 5: Haken → ***mögliches Bild***: Das Prisma, das an einem Haken hängt, leuchtet bunt.

Zahl 6: Suppenkelle → ***mögliches Bild***: Ich fische mit der Suppenkelle einen Kugelfisch aus dem Teich.

Zahl 7: Sense → ***mögliches Bild***: Ich haue die Spitze des Kegels mit der Sense ab.

Info: Körper-Loci-Technik

Die Körper-Loci-Technik ist besonders praktikabel, da wir unseren Körper sozusagen direkt mit unseren Augen „ablaufen" können. Zunächst legt man am Körper beliebig viele Ankerpunkte fest, mit denen die zu merkenden Informationen später bildlich verknüpft werden.
Wichtig bei der Auswahl ist, die Punkte systematisch von oben nach unten oder von unten nach oben zu wählen.

Beispiel für 10 Ankerpunkte am Körper

1. Füße
2. Knie
3. Po
4. Bauch
5. Schulter
6. Arme
7. Mund
8. Nase
9. Augen
10. Kopf

Anwendung: Körper-Loci-Technik

7 Weltmeere verankern

Atlantischer Ozean → *Füße:* Ich stelle mich auf einen **Atl**as, damit ich größer bin.
Indischer Ozean → *Knie:* Ich gehe **in di**e Knie.
Pazifik → *Po:* Pi – **Pa** – Po
Arktisches Mittelmeer → *Bauch:* Mit bauchfreiem Top ist es **arktisch** (arg) kalt.
Amerikanisches Mittelmeer → *Schulter:* Ich trage die **amerikanische** Flagge über den Schultern.
Australasiatisches Mittelmeer → *Arme:* Ein Boot **aus** Eiche gebaut, mit kräftigen Armen gerudert von einem **Asiaten**
Europäisches Mittelmeer → *Mund:* Ich stecke einen **Euro** in den Mund, natürlich aus Schokolade.

Info: Abc-Tierliste

Auch eine Tierliste nach dem Abc eignet sich gut als Ankerliste.
Zunächst stellt man sich hierfür nach dem Alphabet eine Liste von Tieren zusammen, die man sich gut einprägen kann. Mit dieser Liste werden dann wiederum die Informationen durch ein kreatives Bild verknüpft.

Beispiel Tierliste

Affe, Bär, Chamäleon, Dromedar, Elefant, Fisch, Giraffe, Hund, Igel, Jaguar, Krokodil, Löwe, Mücke, Nilpferd, Otter, Pferd, Qualle, Reh, Schwein, Tiger, Uhu, Viper, Wal, Xenosaurus, Yak, Zebra

Anwendung: Abc-Tierliste

Bundesländer verankern

Brandenburg (Affe) → Ein Affe turnt am Brandenburger Tor.
Berlin (Bär) → Das Berliner Wappentier ist der Bär.
Hamburg (Chamäleon) → Das Chamäleon ist so bunt wie die Container im Hafen.
Bremen (Dromedar) → Das Dromedar lässt die Bremer Stadtmusikanten aufsitzen, weil sie müde sind vom Laufen.
Schleswig-Holstein (Elefant) → Der schlaue Elefant holt einen Stein aus der Nordsee.
Mecklenburg-Vorpommern (Fisch) → Meckere nicht, weil es heute Fisch gibt.
Niedersachsen (Giraffe) → Ob sich die Giraffe mit den langen Beinen niederknien kann?
Sachsen (Hund) → Der Hund trägt meine Sachen.
Sachsen-Anhalt (Igel) → Den Igel kann man gut anhalten, weil er so langsam läuft.
Nordrhein-Westfalen (Jaguar) → Der Jaguar läuft ganz schnell von Nord nach West.
Thüringen (Krokodil) → Ein Krokodil kommt durch die Tür.

Hessen (Löwe) → Der Löwe ist das hessische Wappentier.
Rheinland-Pfalz (Mücke) → Am Rhein gibt es viele Mücken.
Saarland (Nilpferd) → Das Nilpferd fährt Achterbahn an der Saarschleife.
Baden-Württemberg (Otter) → Der Otter badet gerne im Wasser.
Bayern (Pferd) → Beim Oktoberfestumzug sind viele geschmückte Pferde zu sehen.

Don Bosco MiniSpielothek
Klein, fein, alles drin

ISBN 978-3-7698-2466-7

ISBN 978-3-7698-2465-0

ISBN 978-3-7698-2449-0

ISBN 978-3-7698-2450-6

ISBN 978-3-7698-2397-4

ISBN 978-3-7698-2398-1

ISBN 978-3-7698-2399-8

ISBN 978-3-7698-2400-1

ISBN 978-3-7698-2374-5

ISBN 978-3-7698-2373-8

ISBN 978-3-7698-2376-9

ISBN 978-3-7698-2375-2

ISBN 978-3-7698-2356-1

ISBN 978-3-7698-2358-5

ISBN 978-3-7698-2359-2

ISBN 978-3-7698-2357-8

ISBN 978-3-7698-2313-4

ISBN 978-3-7698-2312-7

ISBN 978-3-7698-2314-1

ISBN 978-3-7698-2228-1

ISBN 978-3-7698-2290-8

ISBN 978-3-7698-2291-5

ISBN 978-3-7698-2289-2

ISBN 978-3-7698-2260-1

ISBN 978-3-7698-2261-8

ISBN 978-3-7698-2262-5

ISBN 978-3-7698-2227-4